Petra Teufl & Sabine Rädisch
Das Schreiblustbuch

AF185222

Petra Teufl & Sabine Rädisch

Das Schreiblustbuch

Dichten, kritzeln, mit Worten spielen

Kösel

Verlagsgruppe Random House FSC® N001967

Copyright © 2019 Kösel-Verlag, München,
in der Verlagsgruppe Random House GmbH,
Neumarkter Str. 28, 81673 München
Dieses Werk wurde vermittelt durch die
Literaturagentur Kai Gathemann GbR
Umschlag: Weiss Werkstatt, München
Umschlagmotiv: shutterstock / Apolinarias
Klappeninnenseite: Apolinarias/Shutterstock.com u. stock.adobe.com/
RLRRLRLL (Bilderrahmen)
Innenillustrationen: Apolinarias/Shutterstock.com, mit Ausnahme von
S. 18 o., 52 o., 78 o., 108 o. Bilderrahmen stock.adobe.com/RLRRLRLL;
S. 18 Schlüssel stock.adobe.com/the8monkey; S. 42 Äskulapstab stock.
adobe.com/Teploleta; S. 42 Hammer und Sichel, Kreuz stock.adobe.com/
hchjjl; S. 78 Mitte stock.adobe.com/MollyP
Satz: Buch-Werkstatt GmbH, Bad Aibling
Druck und Bindung: Print Consult GmbH, München
Printed in Slovakia
ISBN 978-3-466-34726-1
www.koesel.de

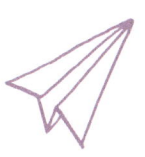

Inhalt

Willkommen!

Dieses Buch lädt Sie ein, kleine Schreibmomente zu genießen wie ein Stück Sahnetorte um Mitternacht, ein Glas Champagner im Park oder wie eine süße Frucht an einem langen heißen Tag.

Lassen Sie sich inspirieren und schreiben Sie los. An der Haltestelle, zu Hause bei einer Tasse Kaffee oder im Wartezimmer – wann immer ein bisschen Zeit übrig ist.

Suchen Sie sich eine Schreibanregung aus, die Sie in diesem Moment anspricht. Die einzelnen Schreibimpulse sind in sich abgeschlossen und Sie können überall beginnen. Sobald Sie die Anregung gelesen haben, dürfen Sie mit ihr machen, was immer Ihnen die Muse eingibt. Verändern Sie Zeiten, Personen, Objekte, Zusammenhänge! Schreiben Sie von sich oder sehen Sie die Welt mit anderen Augen.

Einige Schreibanregungen laden Sie ein, sich überraschende Dinge vor-

zustellen, manchmal wird es auch rätselhaft oder persönlich. Spazieren Sie also durch Ihren Fantasiegarten, segeln Sie die Klippen Ihrer einmaligen Gedanken entlang oder halten Sie Ihrem Ich den Spiegel vor.

Einige Schreibanregungen stellen Fragen. Diese brauchen weder eine Antwort noch verlangen sie nach der Wahrheit. Irritiert Sie etwas? Umso interessanter! Widerspruch ist erwünscht und fördert die Schreiblust. Oder?

Ob Tagebucheintrag, Gedicht oder kurze Geschichte: Erlaubt ist, was Ihnen aus der Feder fließt. Wagen Sie anzufangen ohne vorher zu wissen, was Sie schreiben werden. Haben Sie einen Satz im Sinn? Dann los! Lassen Sie sich überraschen!

Die Seiten nach den Anregungen bieten Platz für alles, was Ihnen einfällt. Reicht er nicht aus? Haben Sie weitere Ideen? Dann blättern Sie an das Ende des Buches. Hier sind mehr Seiten für poetische Momente.

Ob Sie Ihre Texte weiter bearbeiten oder mit jemandem teilen, ob Sie die Seiten ausreißen oder das Buch unter der Matratze verstecken, bleibt selbstverständlich Ihnen überlassen.

Hauptsache, das Schreiben macht Ihnen Freude!

Schreiblust
Schritt für Schritt

1. Schlagen Sie dieses Buch an einer beliebigen Stelle auf oder blättern Sie aufs Geratewohl, bis Sie etwas sehen, das Sie anspricht: Ein Wort, eine Formulierung, ein Bild. Lesen Sie die Anregung.

2. Wagen Sie es: Schreiben Sie einfach los! Was Ihnen in den Sinn kommt, ist richtig. Folgen Sie dem Fluss der Worte.
   Wenn Sie mögen: Stellen Sie sich einen Wecker (Handy, Eieruhr...) auf fünf Minuten und schreiben Sie durch, bis es klingelt.

3. Der Inhalt ist wichtiger als die Form: Kritzeln Sie, schreiben Sie Halbsätze, streichen Sie oder setzen Sie neu an. Lassen Sie Wildwuchs zu.
   Hauptsache, Sie halten den Stift in Bewegung.

4. Möchten Sie es langsamer angehen? Lieben Sie es nachzudenken? Halten Sie Ihre Ideen mit Notizen, Stichpunkten oder Listen fest, bevor Sie mit dem eigentlichen Text beginnen.

5. Es funktioniert nicht gleich? Schreiben Sie über das, was Sie am Schreiben hindert. Sie können jederzeit zur Schreibanregung zurückkehren – oder etwas ganz anderes schreiben.

6. Erinnern Sie sich: Die Texte gehören nur Ihnen. Nutzen Sie die Freiheit, die daraus entsteht! Schwelgen Sie, werden Sie störrisch, bleiben Sie eigen, seien Sie ungehorsam!

Schreibimpulse

Stellen Sie sich vor

Sie stehen auf einer Brücke und schauen hinunter. Sie sehen nach rechts, von wo Sie gekommen sind. Dann sehen Sie nach links auf die andere Seite.

Was sehen Sie auf den beiden Seiten?
Wohin gehen Sie? Oder bleiben Sie, wo Sie stehen?
Was erwarten Sie?

Schreiben Sie den Brief ...

... eines Ehemannes an den Geliebten seiner Frau, eine Woche vor einer kleinen Feier zum 10. Hochzeitstag. Der Geliebte steht auf der Gästeliste.

Auf einem Holztisch liegen vier Früchte

Eine Zitrone
Eine Drachenfrucht
Ein Paradiesapfel
Eine Pampelmuse

Welche Frucht hat Ihnen jemand geschenkt?
Zu welchem Anlass?
Welche Frucht haben Sie gekauft? Wozu?
Welche Frucht schenken Sie weiter? An wen?

Der Schlüssel

Sie finden einen Schlüssel.
Wo liegt er?
Wem gehört er?
Was passiert, wenn Sie das dazu passende Schloss öffnen?

19

Was wäre, wenn …

…. ein Vogelschwarm über den Himmel zieht, lautlos
und so groß, dass er die Sonne verdeckt?
Welches Ereignis wirft hier seine Schatten voraus?
Wohin sind die Vögel unterwegs?
Was sehen sie von dort oben?

Was ist rot?

Listen Sie Rotes auf und beschreiben Sie, wo Sie es finden.

22

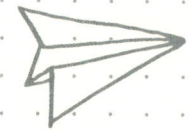

Schnappschuss

Sie sehen jetzt, in diesem Moment, durch den
Sucher eines Fotoapparates. Sie stellen den
Ausschnitt scharf und drücken auf den Auslöser.
Was ist auf dem Bild zu sehen?
Wie werden Sie in dreißig Jahren darüber denken?

Stellen Sie sich vor

Ihre Sprache wird von keinem Volk dieses Planeten gesprochen. Wie klingt sie? Setzt sie sich aus Brabbel-, Malm- oder Summ-Lauten zusammen? Lautmalen Sie eine Botschaft an die Menschheit, einen Liebesbrief, einen Fluch, einen Segen …

27

In der Hand lesen

Ziehen Sie den Umriss Ihrer Hand
auf dem Papier nach.
Legen Sie einen Text hinein.

Wortspielerei

Scheelsucht Beilager Alfanz

Sind diese Dinge wichtig?
In welchem Kompendium werden sie aufgeführt?
Erzählen Sie Ihrem sechzehnjährigen Nachbarn
davon.

Die Farben der Woche

Welche Farbe hat der **Sonntag**?
Und welche Farben haben andere Tage? Warum?

Der Schwan

Worüber sinniert der Schwan,
wenn er im Dunst des frühen Tages
über den See gleitet?

Was wäre, wenn ...

.... ein Sommerregen Sie überrascht?
Wo sind Sie? Wird es romantisch?

Entkommen

»Immerhin hat der Schriftsteller die Chance,
in dem Augenblick, da er schreibt,
der Versteinerung zu entgehen.«
Simone de Beauvoir

Welchem Zustand entgehen Sie, während
Sie schreiben?
Was entgeht Ihnen, wenn Sie nicht schreiben?

Stellen Sie sich vor

Sie reißen das Blatt von Ihrem Tageskalender
ab. Das neue Datum liegt fünfzig Jahre in der
Zukunft.
Was sehen Sie, wenn Sie aus dem Fenster schauen?
Was vermissen Sie?

Manifest

Sie kennen diese Symbole und die damit
verbundenen Vorstellungen und Werte. Wenn Sie
selbst eine Bewegung gründen würden – wie sähe
Ihr Symbol dafür aus? Zeichnen Sie es und setzen
es Ihrem Manifest voran, das die Massen für Ihre
Idee begeistern wird.

Schnappschuss

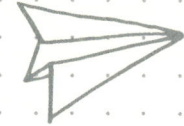

Wo befinden Sie sich **in diesem Moment**?
Sehen Sie nach links. Wer befindet sich dort? Wen
wünschen Sie dort zu entdecken? Wer sollte auf gar
keinen Fall dort auftauchen?

Gezwitscher

Worüber streitet die Horde
Spatzen in der Hecke?

Wortspielerei

Leuwagen Posemuckel Budike

Wozu braucht man diese Dinge? Was haben sie miteinander zu tun?

Zwiegespräch

Belauschen Sie den Dialog
zwischen einem Baum und einer Handtasche.

51

Quergelegt

Drehen Sie das Buch um neunzig Grad.
Schreiben Sie über Ihren letzten Versuch, Vögel mit
blinkenden Schnäbeln zu züchten.

Stellen Sie sich vor

Sie drücken die Flügel eines Tores auf und stehen an der Schwelle eines unbekannten Raumes.
Was verändert sich, wenn Sie ihn betreten?

Alles

Du siehst, ich will viel.
Vielleicht will ich Alles:
das Dunkel jedes unendlichen Falles
und jedes Steigens lichtzitterndes Spiel.

Was raten Sie dem Poeten?
Soll er sich zügeln?

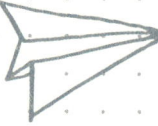

Sprache und sprechen

Welche Sprache verwirrt Sie oder schreckt Sie ab?
Welche Sprache lieben Sie, welche lässt Sie träumen?
Welche lässt Sie kalt?

Was wäre wenn...

.... Ihren sportlichen Fähigkeiten keine Grenzen
gesetzt wären? Ihr Körper wäre biegsam, schnell und
kräftig. Sie könnten sich auf ihn verlassen.
Zu welcher Bewegung drängt es Sie?
Wohin bringt Sie die Bewegung?
Wann kommen Sie zum Stillstand?

Wortspielerei

Wählen Sie spontan aus jeder Liste ein Wort.
Kombinieren Sie sie zur Überschrift Ihres Textes,
z.B. kratzige Liebe.

seidig   Sehnsucht
rau   Abscheu
sandig   Gram
seifig   Traurigkeit
kratzig   Freude
schuppig   Reue
ölig   Scham
holzig   Liebe

63

Auf dem Teich

Eine Seerose mit ihrem Geflecht
unter Wasser;
wen zieht sie in die Tiefe?
Welche Welt eröffnet sich dabei?

Lebensweisheit

»Wenn du die Chance hast, einen Hut
zu kaufen, geh und kauf einen Hut.«
(Tante Hedwig)

Und was ist Ihre persönliche Lebensweisheit?
Wohin führt es, wenn Sie ihr folgen?

67.

Stellen Sie sich vor

Ihr ärgster Feind lädt Sie zu einem Abendessen über den Dächern von Paris ein.
Worüber geraten Sie an diesem Abend am meisten ins Schwitzen?

Schreiben Sie den Brief ...

... eines Reisenden an seine Lieben zu Hause.
Was hat er Neues entdeckt? Was würde er ihnen
gerne als Souvenir mitbringen?

71

Schnappschuss

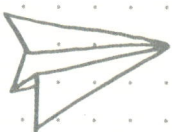

Wer ist Ihre Muse?
Wohin küssen Sie ihn oder sie am liebsten?

Gestreift

Wann haben Sie das letzte Mal
einen **gestreiften** Nachmittag erlebt?
Was geschah?

Wortspielerei

schockweise berückend schnöde

Welche Dinge sind so? Welche Handlungen kann man so beschreiben?

Waldspaziergang

Sie finden im Wald verschiedene
Pflanzen, dicke, dünne, krautige,
blühende und moosige.
Welches Kraut pflücken Sie?
Was tun Sie damit?
Wogegen ist kein Kraut gewachsen?

Ausgeträumt

»Und dann sind alle Tränen
ausgeträumt.«
Wer hat diesen Satz gesagt?
Zu welcher Gelegenheit?

80

Stellen Sie sich vor

Sie fahren suchend die Reihen eines Parkplatzes ab. Ihre Geduld ist am Ende. Die Zeit drängt. Endlich entdecken Sie eine Parklücke. Sie atmen auf. Plötzlich taucht ein schwarzer Van in der Gegenrichtung auf und drängt sich in den freien Platz. Dabei streift er auch noch Ihren Wagen! Sie steigen aus. Die Fahrertür des dunklen Vans öffnet sich. Ihnen stockt der Atem.

Wer oder was steigt aus und kommt auf Sie zu?

Wie reagieren Sie?

Wie würden Sie reagieren, wenn Sie Zauberkräfte hätten?

Post

»Indem ich eben aus dem Bette steige,
erhalte ich Ihr Paket zu meiner großen Freude
und Beruhigung.«
Wer schickt diese Notiz?
An wen?
Was ist in dem Paket?

Schnappschuss

Die Mücken
das Feuer
das schwindende Licht.
Kartoffelsalat, ein Kasten Bier und eine bunt
gestreifte Picknickdecke.
Woran denken Sie? Wo sind Sie?
Fehlt noch etwas?

Wagnis

Eine langstielige rote Rose mit
ihren Dornen, wer wagt es, sie zu lieben?

Wortspielerei

Suchen Sie spontan ein Stichwort aus:

Zeitunglesen Tanzen

Schreiben Arbeiten Pflügen

Entscheiden Wohnen Schlamm

Trinken Freundschaft Sparen

Gefällt Ihnen ein Wort?
Vervollständigen Sie mithilfe dieses Stichworts die
folgenden Zeilen und schreiben Sie weiter, solange
Sie wollen:

Gestern …

Heute …

Morgen …

91

Schreiben Sie den Brief ...

... eines Privatdetektives, der seiner Auftraggeberin
mitteilt, wie die Ergebnisse seiner Recherche
aussehen und welche Konsequenzen diese haben.

Klausur

»Schreiben macht einsam.
Wer einsam ist, schreibt?«
Schreiben Sie einen **einsamen** Text.

95.

Stellen Sie sich vor

In einer Zeitung erscheinen folgende
Kontaktanzeigen:

> Trine, 56, med. Fachkraft, sucht nach gr.
> Enttäuschung Mann zw. 55 u. 80 zum Lieben und
> Umsorgen. Bin fleißig, ehrlich, habe 2 Katzen u.
> Führerschein, ziehe gern auch zu Dir. Du solltest
> treu u. NR sein.
> Chiffre: XXXX

> Mann (60+/183 cm/90 kg) mit Geld + Glatze,
> ansehnlich + agil, sucht holdes Weibchen für Tag,
> Nacht & alles dazwischen. Brünette bevorzugt.
> Chiffre: XXXX

Wer schreibt wem den ersten Brief? Was steht darin?
Telefonieren die beiden? Was sagen sie?
Es kommt zu einem Treffen. Wo? Was passiert?

Geschichte in drei Sätzen

Immer schon wollte er / sie …
Dem stand aber entgegen …
Bis er / sie eines Tages erkannte …

Ergänzen Sie die Satzanfänge und lassen Sie der Liebes/-Kriminal-/Hunde-/Lebens-Geschichte ihren Lauf.
Variationsmöglichkeit: Verwenden Sie eine andere Person (ich, du, wir, ihr…).

Schnappschuss

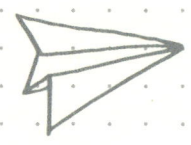

Schließen Sie die Augen! Lauschen Sie!
Welche Klänge, Laute, Geräusche hören Sie?
Wie klingt die Stille?

Was wäre wenn ...

.... Ihnen jemand über den Weg läuft,
an den Sie seit Jahren nicht gedacht haben?
Wer ist dieser Mensch aus alten Tagen?
Woran erkennen Sie einander wieder?

Kleinod

Eine Wüstenrose mit ihren
verdorrten Blättern;
wer erweckt sie zum Leben?

Stellen Sie sich vor

Sie räumen endlich mal wieder auf. Sie ziehen die
Laken und Decken aus dem großen Kleiderschrank.
Dabei gleitet ein exotischer Flacon in Ihre Hand. Sie
öffnen ihn.

Woran erinnert Sie der Duft?

Hütten und Paläste

Ein Schloss, verfallen wie eine alte Hütte.
Ein Schuppen, innen geschmückt wie ein Palast.
Wer oder was wohnt hier?
Wie kam es dazu?

108

Schreiblust

Schreiben Sie wild und unersättlich!
Schreiben Sie sich die Finger wund!
Schreiben Sie einen **hemmungslosen** Text!

Platz für noch mehr
poetische Momente

117

120

124

Anmerkungen

S. 30/31: Scheelsucht – Neid; Beilager – Hochzeit, Hochzeitsnacht; Alfanz, auch Alefanz, Alfanzerei – übertriebenes Gewinnstreben, Ausrichtung auf das Weltliche

S. 38: Zitat aus Simone de Beauvoir: *Der Lauf der Dinge,* Reinbek (Rowohlt) 1998. S. 620

S. 48/49: Leuwagen – Schrubber; Posemuckel – Dorf im Nirgendwo; Budike – besonders im Berliner Raum gebräuchlicher Ausdruck für eine kleine, einfache Gaststätte bzw. einen als Kneipe dienenden Kiosk (Trinkhalle)

S. 56/57: Zitat aus Rainer Maria Rilke: *Das Stunden-Buch. Buch 1. Vom mönchischen Leben,* Leipzig (Insel) 1905

S. 76/77: schockweise – in großer Zahl, 60-Stück-weise; berückend – faszinierend, hinreißend; schnöde – erbärmlich, verachtenswert

S. 84: Zitat aus einem Brief von Schiller an Goethe, Jena den 6. Dezember 1794, in: *Briefwechsel zwischen Schiller und Goethe,* Erster Band, Stuttgart (Cotta'schen Buchhandlung) 1881